✳ ✳ ✳

La Libertad CRISTIANA

de Martín Lutero

✳ ✳ ✳

Copyright © ESA!, 2025.
Copyright © Hernán Dalbes, 2025.

La Libertad Cristiana de Martín Lutero
Con guía de preguntas para reflexionar en comunidades de América Latina o de países con migrantes hispanohablantes

ALL RIGHTS RESERVED.
TODOS LOS DERECHOS RESERVADOS.
Publicado en los Estados Unidos por ESA! IMPRINT.
www.esaimprint.com
linktr.ee/esaimprint
esaimprint@gmail.com

Library of Congress Cataloging-in-Publication Data
La libertad cristiana de martín lutero : con guía de preguntas para reflexionar en comunidades de américa latina o de países con migrantes hispanohablantes / Martín Lutero, Hernán Dalbes.
Author: Lutero, Martín, Author
Contributor: Dalbes, Hernán, Other
Published: ESA!, Cheyenne, 2025
Identifiers: 2025949945
Edition: 1.
LC record available at http://lccn.loc.gov/2025949945

ISBN 978-1-63753-402-1

Autor: Martín Lutero
Guía de preguntas: Hernán Dalbes

Primera Edición
Cheyenne, WY. USA. Noviembre 2025.

La Libertad CRISTIANA
de Martín Lutero

Con guía de preguntas para reflexionar
en comunidades de América Latina
o de países con migrantes hispanohablantes

elaboradas por el Rev. Hernán Dalbes

Contenido

Sobre Martín Lutero
p. 7

La Libertad Cristiana
de Martín Lutero (1520)
p. 9

Guía de Preguntas para Reflexionar en Comunidades de América Latina o de Países con Migrantes Hispanohablantes
elaborada por el Rev. Hernán Dalbes
p. 31

Sobre Martín Lutero

Martín Lutero fue un monje agustino alemán, teólogo y prolífico escritor que inició la Reforma Protestante al publicar en 1517 sus "95 Tesis", en las que criticaba la venta de indulgencias y cuestionaba la autoridad del Papa. Su influencia en el cristianismo fue enorme: promovió la salvación por la fe (Sola Fide), afirmó que Jesucristo es el único mediador entre Dios y la humanidad (Solus Christus), y sostuvo que la salvación es un don gratuito de Dios, recibido únicamente por su gracia y no por méritos ni obras humanas (Sola Gratia). Este movimiento provocó una división permanente dentro del cristianismo occidental, entre quienes permanecieron bajo la autoridad papal y quienes adoptaron estas enseñanzas, dando origen al protestantismo. Para el momento de su muerte, en 1546, Europa ya no era homogéneamente católica, sino que contaba con una fuerte presencia luterana en varios territorios del Sacro Imperio Romano Germánico y del norte de Europa.

***

Martín Lutero escribió La Libertad Cristiana en 1520, en medio de tensiones que desafiaban a la Iglesia y a la sociedad. En este texto breve, pero profundamente transformador, plantea que la verdadera libertad del cristiano no se encuentra en la independencia egoísta ni en la ausencia de límites, sino en la confianza radical en la gracia de Dios.

***

La Libertad Cristiana

de Martín Lutero
(1520)

Al atento y sabio señor Jerónimo Mülphordt[1], alcalde de Zwickau, mi muy bondadoso amigo y protector, yo, Doctor Martín Lutero, agustino, presento mis solícitos servicios y mejores deseos.

Atento y sabio señor y buen amigo:

El digno magíster Juan Eger[2], predicador de vuestra loable ciudad, me ha ensalzado el amor y la complacencia que ponéis en la Sagrada Escritura, la cual fervorosamente confesáis y delante de todos alabáis sin cesar. Por esta razón quiso aquél relacionarme con vos, lo cual estoy dispuesto a hacer presto y con gozo; que es motivo de alegría para mí saber que se ama la verdad divina. Por desgracia son muchos los que con toda violencia y astucia la desechan, sobre todo aquellos que se glorían de ostentar ciertos derechos sobre ella. Empero siempre será así: muchos tropezarán con Cristo, puesto como escándalo y símbolo al que es menester desechar, y caerán y volverán a levantarse. Como principio de nuestro conocimiento y nuestra amistad, he querido dedicaros este pequeño tratado y exposición en lengua alemana, después de habérselo dedicado al Papa en latín. Con el presente escrito pretendo exponer públicamente la causa de mi doctrina y mis escritos sobre el papado, causa que espero a nadie parecerá nimia. Sin más, me encomiendo y os encomiendo a vos y a todos a la gracia divina. AMÉN.

Wittenberg, 1520.

Jesús

1. A fin de que conozcamos a fondo lo que es el cristiano y sepamos en qué consiste la libertad que para él adquirió Cristo y de la cual le ha hecho donación –como tantas veces repite el apóstol Pablo– quisiera asentar estas dos afirmaciones:

---

[1] Germán Mülphordt, no Jerónimo como lo llama Lutero.
[2] Juan Silvio Wildenauer de Eger.

El cristiano es libre señor de todas las cosas y no está sujeto a nadie.
El cristiano es servidor de todas las cosas y está supeditado a todos.

Ambas afirmaciones se encuentran claramente expuestas en las epístolas de San Pablo[3]: "Por lo cual, siendo libre de todos, me he hecho siervo de todos". Asimismo[4]: "No debáis a nadie nada, sino el amaros unos a otros". El amor empero es servicial y se supedita a aquello en que está puesto; y a los gálatas[5] donde se dice de Cristo mismo: "Dios envió a su hijo, nacido de mujer y nacido bajo la ley".

2. Para poder entender ambas afirmaciones, de por sí contradictorias, sobre la libertad y la servidumbre, pensemos que todo cristiano posee una naturaleza espiritual y otra corporal. Por el alma se llama al hombre espiritual, nuevo e interior; por la carne y la sangre, se lo llama corporal, viejo y externo. A causa de esta diferencia, también la Sagrada Escritura contiene aseveraciones directamente contradictorias acerca de la libertad y la servidumbre del cristiano.

3. Si examinamos al hombre interior, espiritual, a fin de ver qué necesita para ser y poder llamarse cristiano bueno y libre, hallaremos que ninguna cosa externa, sea cual fuere, lo hará libre, ni bueno, puesto que ni su bondad, ni la libertad ni por otra parte, su maldad ni servidumbre son corporales o externas. ¿De qué aprovecha al alma si el cuerpo es libre, vigoroso y sano, si come, bebe y vive a su antojo? O ¿Qué daño puede causar al alma si el cuerpo anda sujeto, enfermo y débil, padeciendo hambre, sed y sufrimientos, aunque no lo quiera? Ninguna de estas cosas se allega tanto al alma como para poder libertarla o esclavizarla, hacerla buena o perversa.

4. De nada sirve al alma, asimismo, si el cuerpo se recubre de vestiduras sagradas, como lo hacen los sacerdotes y demás religiosos, ni tampoco si permanecen en iglesias y otros lugares santificados, ni si sólo se ocupa en cosas sagradas: ni si hace oraciones de labios, ayuda, va en peregrinación y realiza, en fin, tantas buenas obras que eternamente puedan llevarse a cabo en el cuerpo y por medio de él. Algo completamente distinto ha de ser lo que aporte y dé al alma bondad y libertad, porque todo lo indicado, obras y actos, puede conocerlo y ponerlo en práctica también un hombre malo, impostor e hipócrita. Además, con ello no se engendra realmente, sino gente impostora. Por otro lado, en nada perjudica al alma que el cuerpo se cubra con vestiduras profanas y more en lugar no santificado,

---

3   1 Co. 9:19.
4   Ro. 13:8.
5   Ga. 4:4.

coma, beba, no peregrine, ni ore, ni haga las obras que los hipócritas mencionados ejecutan.

5. Ni en el cielo ni en la tierra existe para el alma otra cosa en que vivir ser buena, libre y cristiana que el Santo Evangelio, la Palabra de Dios predicada por Cristo, como él mismo dice[6]: "Yo soy la resurrección y la vida; el que cree en mí, vivirá eternamente". Asimismo[7]: "Yo soy el camino, la verdad y la vida". Además[8]: "No sólo de pan vivirá el hombre, sino de toda palabra que sale de la boca de Dios". Por consiguiente, no hay duda de que el alma puede prescindir de todo, menos de la Palabra de Dios: fuera de esta, nada existe con que auxiliar al alma. Una vez que ésta posea la Palabra de Dios, nada más precisará; en ella encontrará suficiente alimento, alegría, paz, luz, arte, justicia, verdad, sabiduría, libertad, y toda suerte de bienes en superabundancia. Por eso nos describen los Salmos, especialmente el Salmo 118[9], al profeta clamando sólo por la Palabra de Dios. Asimismo se considera en la Sagrada Escritura como el mayor castigo y como señal de la ira divina, si Dios retira a los hombres su Palabra[10]. Por el contrario, la mayor gracia de Dios se manifiesta cuando él la envía según leemos en el Salmo 106[11]: "Envió su Palabra y con ella les socorrió". Únicamente para predicar la Palabra de Dios ha venido Cristo al mundo y con este exclusivo fin fueron llamados e impuestos en sus cargos todos los apóstoles, obispos, sacerdotes y eclesiásticos en general, aunque respecto a estos últimos hoy, desgraciadamente, no lo parezca.

6. Acaso preguntes: ¿qué palabra es esa que otorga una gracia tan grande y cómo deberé usar tal palabra? He aquí la respuesta: La Palabra no es otra cosa que la predicación de Cristo, según está contenida en el Evangelio. Dicha predicación ha de ser –y lo es realmente– de tal manera que al oírla oigas hablar a Dios contigo quien te dice que para él tu vida entera y la totalidad de tus obras nada valen y que te perderás eternamente con todo en cuanto en ti hay. Oyendo esto, si crees sinceramente en tu culpa, perderás la confianza en ti mismo y reconocerás cuán cierta es la sentencia del profeta Oseas[12]: "Oh Israel, en ti sólo hay perdición: que fuera de mí no hay salvación". Mas para que te sea posible salir de ti mismo, esto es, de tu perdición, Dios te presenta a su amadísimo Hijo Jesucristo, y con su palabra viva y consoladora, te dice: Entrégate a él con fe inquebrantable, confía en

---

6	Jn. 11:25.
7	Jn. 14:6.
8	Mt. 4:4.
9	Cf. Sal. 119.
10	Am. 8:11 y sig.
11	Cf. Sal. 107:20.
12	Os. 13:9.

él sin desmayar. Por esa fe tuya te serán perdonados todos tus pecados; será superada tu perdición; serás justo, veraz, lleno de paz, bueno; y todos los mandamientos serán cumplidos y serás libre de todas las cosas, como San Pablo dice[13]: "Mas el justo solamente vive por su fe". Y también[14]: "Porque el fin y cumplimiento de la ley es Cristo para todos los que en él creen".

7. Luego la única práctica de los cristianos debería consistir precisamente en lo siguiente: grabar en su ser la palabra y a Cristo, y ejercitarse y fortalecerse sin cesar en esta fe. No existe otra obra para el hombre que aspire a ser cristiano. Así lo indicó Cristo a los judíos cuando éstos lo interrogaron acerca de las obras cristianas que debían realizar y agradables a Dios, diciendo[15]: "Esta es la única obra de Dios, que creáis en el que él ha enviado". Pues sólo a Cristo ha enviado Dios como objeto de la fe. Se desprende de esto que una fe verdadera en Cristo es inapreciable riqueza, pues trae consigo toda salvación y quita la maldición, como está escrito en Marcos, último capítulo[16]: "El que creyere y fuere bautizado, será salvo; mas el que no creyere, será condenado". Así reconoció el profeta Isaías las riquezas de esa fe[17]: "Dios contará un poco sobre la tierra y en ese poco entrará la justicia como un nuevo diluvio". O sea, la fe, que encierra ya el cumplimiento de todos los mandamientos, justificará abundantemente a quienes la posean, de manera que nada más habrán menester para ser justos y buenos, como dice el apóstol Pablo[18]: "Porque cuando se cree con el corazón, entonces se es justo y bueno".

8. ¿Pero cómo es que habiendo prescrito la Sagrada Escritura tantas leyes, mandamientos, obras y ritos, sólo la fue puede justificar al hombre sin necesidad de todo ello, y más aún, puede concederle tantos bienes? Tocante a esto deberá tenerse muy en cuenta, sin olvidarlo nunca, que la fe sola, sin obras, justifica, liberta y salva, como luego veremos. Y a la vez es preciso saber que en la Sagrada Escritura hay dos clases de palabra: mandamientos o ley de Dios, y promesas y afirmaciones. Los mandamientos nos indican y ordenan toda clase de buenas obras, pero con eso no están ya cumplidas: porque enseñan rectamente, pero no auxilian; instruyen acerca de lo que es preciso hacer, pero no expenden la fuerza necesaria para realizarlo. O sea, los mandamientos han sido promulgados únicamente para que el hombre se convenza por ellos de la imposibilidad de obrar bien y aprenda a reconocerse y a desconfiar de sí mismo. Por esta razón llevan

---

13 Ro. 1:7.
14 Ro. 10:4.
15 Jn. 6:29.
16 Mr. 16:16.
17 Is. 10:22.
18 Ro. 10:10.

los mandamientos el nombre de Antiguo Testamento, y todos figuran en el mismo. Por ejemplo, el mandamiento que dice[19]: "No codiciarás" demuestra que todos somos pecadores y que no hay hombre libre de concupiscencia, aunque haga lo que quiera. Aquí aprende el hombre a no confiar en sí mismo y a buscar en otra parte el auxilio necesario para poder limpiarse de codicia y cumplir así el mandamiento con ayuda ajena, dado que por esfuerzo propio le es imposible. Con los demás mandamientos nos sucede lo mismo: no somos capaces de cumplirlos.

9. Una vez que el hombre haya visto y reconocido por los mandamientos su propia insuficiencia, lo acometerá el temor y pensará en cómo satisfacer las exigencias de la ley; ya que es menester cumplirla so pena de condenación; y se sentirá verdaderamente humillado y aniquilado, sin hallar en su interior nada con que llegar a ser bueno. Entonces es cuando la otra palabra se allega, la promesa y la afirmación divina, y dice: ¿deseas cumplir los mandamientos y verte libre de la codicia malsana y del pecado como exigen los mandamientos? ¡Mira! ¡Cree en Cristo! En él te prometo gracia, justificación, paz y libertad plenas. Si crees ya posees, mas si no crees, nada tienes. Porque todo aquello que jamás conseguirás con las obras de los mandamientos –que son muchas, sin que ninguna valga– te será dado pronto y fácilmente por medio de la fe: que en la fe he puesto directamente todas las cosas, de manera que quien tiene fe, todo lo tiene y será salvo; sin embargo, el que no tiene fe, nada poseerá. Son pues, las promesas de Dios las que cumplen lo que los mandamientos ordenan y dan lo que ellos exigen: esto sucede así para que todo sea de Dios; el mandamiento y el cumplimiento. Sólo Dios ordena y sólo Dios cumple. Esta es la razón por la cual las promesas de Dios son la Palabra del Nuevo Testamento y están comprendidas en el mismo.

10. Estas palabras y todas las demás de Dios son santas, verídicas, justas, pacíficas, libres y plenas de bondad. Por tanto, el alma de aquel que con fe verdadera se atiene a la palabra divina, se unirá a la misma de tal modo que también el alma se adueñará de todas las virtudes de la Palabra. Es decir, por la fe, la Palabra de Dios hará al alma santa, justa, sincera, pacífica, libre y plena de bondad; será en fin un verdadero hijo de Dios, como dice Juan[20]: "A los que creen en su nombre, les dio potestad de ser hechos hijos de Dios".

Esto aclara por qué la fe es tan potente y asimismo cómo existen buenas obras que puedan igualarse a ella. Ninguna obra buena se atiene a la Palabra divina como la fe, ni hay obra buena alguna capaz de morar en

---
19   Ex. 20:17.
20   Jn. 1:20.

el alma, sino que únicamente la Palabra divina y la fe reinan en el alma. Tal como es la palabra, así se vuelve el alma, a semejanza del hierro que al unirse al fuego se vuelve rojo blanco como el fuego mismo. Vemos así que al cristiano le basta con su fe, sin que precise obra alguna para ser justo, de donde se deduce que si no ha menester de obra alguna, queda ciertamente desligado de todo mandamiento o ley, y si está desligado de todo esto será, por consiguiente, libre. *En esto consiste la libertad cristiana:* en la fe única que no nos convierte en ociosos o malhechores, sino antes bien en hombres que no necesitan obra alguna para obtener la justificación y salvación. Luego trataremos este punto con amplitud.

11. También se asemeja la fe a un hombre que confía en otro, porque aprecia su bondad y veracidad, lo cual es el honor más grande que un ser humano puede rendir a otro. Por el contrario, el mayor escarnio es que un hombre considere a su semejante como inútil, mentiroso y superficial. Del mismo modo, cuando el alma cree firmemente en la Palabra de Dios, considera a éste como sincero, bueno y justo, rindiéndole así todo el honor del que es capaz, en tanto respeta el derecho divino, glorifica el nombre de Dios y se abandona a su voluntad, dado que no duda de la bondad y veracidad de todas sus palabras. Por el contrario, el deshonor mayor que a Dios puede hacérsele es no creerle, cosa que sucede si el alma lo considera incapaz, falaz y superficial, negándole con tal incredulidad y haciendo de su propio sentir un ídolo levantado en el corazón contra Dios, como si su propia sabiduría pudiera superar a la divina. Al ver Dios que el alma lo reconoce por la única verdad y que lo honra así con su fe, él, a su vez, honra al alma y la considera buena y sincera. Por consiguiente, por la fe es el alma realmente buena y sincera, porque bueno es y conforme a la verdad que se considere a Dios como bondad y verdad mismas, lo cual hace al hombre también justo y sincero, siendo así que es sincero y justo conceder a Dios toda la verdad. Y esto es algo que no realizan quienes en lugar de creer se esfuerzan poniendo en práctica muchas buenas obras.

12. No sólo obra la fe, compenetrando al alma íntimamente con la Palabra de Dios, dotándola de gracia, libertad y bienaventuranza, sino que la misma fe también une al alma con Cristo, como la esposa con su esposo. De tales desposorios resulta, según el apóstol Pablo, que Cristo y el alma forman un solo cuerpo[21], de manera tal que todo cuanto ambos poseen, bienes, dicha, desdicha, todo, en fin, lo poseen en común. Esto es, lo que a Cristo de por sí pertenece, pasa a pertenecer también al alma, y lo que esta posee pasa a ser posesión de Cristo. Así, Cristo posee todos los bienes y la bienaventuranza que pertenecen al alma. De la misma manera no dispone

---

21   Ef. 5:30.

el alma de maldad y pecado, los cuales se transfieren a Cristo. ¡Aquí comienza el gozoso trueque y la alegre porfía! Cristo es Dios y hombre, pero jamás ha cometido pecado: su justicia es invencible, eterna y omnipotente. Al apropiarse Cristo del pecado del alma creyente en virtud del anillo de bodas de esta, es decir, por su fe, es como si Cristo mismo hubiera cometido el pecado: de donde resulta que los pecados son absorbidos por Cristo y perecen en él; que no hay pecado capaz de resistir la invencible justicia de Cristo. De este modo se ve el alma limpia de todos sus pecados, en virtud de las arras de boda, o sea, el alma es por su fe libertada y dotada con la justicia eterna de su esposo Jesucristo. ¿No es acaso alegre negocio que Jesucristo, el novio rico, noble y bueno, se despose con una insignificante ramera, pobre, despreciable y mala, sacándola así de todo mal y adornándola con toda clase de bienes? Ya no es posible que el alma sea condenada sea condenada por sus pecados, una vez que éstos también son de Cristo, en el cual han perecido. De esta suerte dispone el alma de una justicia tan superabundante por su esposo que es capaz de resistirse contra todos los pecados, aunque ya estuviera sobrecargada de ellos. A este respecto dice el apóstol Pablo[22]: "Gracias sean dadas a Dios que nos ha dado la victoria en Cristo Jesús, en la que han sido absorbidas la muerte con el pecado".

13. Comprenderás ahora, lector, por qué motivo se concede tal valor a la fe, afirmando que cumple los mandamientos y justifica sin necesidad de otras obras. Ya has visto cómo sólo la fe cumple el primer mandamiento, el cual ordena[23]: "Honrarás al Señor, tu Dios". Aunque fueras de pies a cabeza una sola y pura "buena obra", no serías justo ni darías a Dios honra alguna con ello, o sea, dejarías incumplido el primero de todos los mandamientos. Honrar a Dios sólo es factible si se reconoce de antemano que él es la verdad y la suma de todas las bondades, como es en verdad. Sin embargo, dicho conocimiento no cabe en las buenas obras, sino únicamente en la fe del corazón. Por eso es sólo la fe la justicia del hombre y el cumplimiento de los mandamientos: pues quien cumple el primer mandamiento cumplirá también segura y fácilmente los demás. Las obras son, por el contrario, cosa muerta; no pueden honrar y alabar a Dios, aun cuando pueden practicarse en su honor y alabanza, si la fe está presente. Pero nosotros andamos buscando no aquello que puede realizarse, como las obras, sino al autor y maestro que honra a Dios y lleva a cabo las obras. Este no es sino la fe de corazón que es la cabeza y toda la sustancia de la justicia. Por consiguiente, la doctrina que enseña a cumplir los mandamientos con obras, es una doctrina tan peligrosa como malvada, toda vez

---

22 1 Co. 15:55-57.
23 Ex. 20:2-4.

que los mandamientos han de ser cumplidos por la fe antes que por las obras, ya que estas siguen a tal cumplimiento como en seguida veremos.

14. Para conocer más a fondo lo que en Cristo poseemos y el bien tan grande que supone tener una fe verdadera, ha de saberse que anteriormente al Antiguo Testamento y en este mismo, Dios escogió y retuvo para sí el primogénito viril de hombres y animales[24]. Ahora bien, la primera criatura nacida fue de valor inapreciable y aventaja a todos los nacidos[25] en dos grandes cosas, como son: la soberanía y la clerecía, o en otras palabras, el reino y el sacerdocio. Es decir, el niño que primero nació era señor de todos sus hermanos, y al mismo tiempo sacerdote o papa ante Dios. Este símil se refiere a Jesucristo, el cual es realmente el primogénito de Dios el Padre, nacido de la Virgen María. Por eso es él también rey y sacerdote, aunque en sentido espiritual, toda vez que su reino no es de este mundo ni consiste en bienes terrenales, sino puramente espirituales, como son: la verdad, la sabiduría, la paz, el gozo, la bienaventuranza, etc. Sin embargo, no quedan tampoco excluidos los bienes temporales, pues todas las cosas están supeditadas a Cristo, así las del cielo como las de la tierra y del infierno. Se explica que no veamos a Cristo, porque reina espiritual e invisiblemente.

Asimismo no consiste su sacerdocio en actos exteriores o en vestiduras, como sucede entre los hombres, sino en un sacerdocio en espíritu, invisible: de este modo Cristo está delante de Dios, rogando sin cesar por los suyos, sacrificándose a sí mismo, haciendo, en fin, cuanto a un sacerdote bueno corresponde. "Intercede por nosotros", como dice San Pablo[26], y al mismo tiempo nos instruye interiormente, en nuestro corazón. Ambos menesteres, el ruego intercesor y la enseñanza, son propios del sacerdote: que también los sacerdotes humanos, visibles y perecederos, ruegan y enseñan del mismo modo.

15. Cristo en posesión de la primogenitura y toda la gloria y dignidad que a la misma pertenecen, hace participar de ella a todos los cristianos, a fin de que por la fe también ellos sean reyes y sacerdotes con Cristo. Así dice San Pedro[27]: "Vosotros sois reino sacerdotal y sacerdocio real". Esto sucede porque la fe eleva al cristiano por encima de todas las cosas, de manera que se convierte en el soberano espiritual de las mismas, sin que ninguna pueda malograr su salvación. Antes al contrario, todo le queda supeditado y todo ha de servirle para su salvación, como enseña San

---

[24]   Ex. 13:2.
[25]   Gn. 49:3.
[26]   Ro. 8:34.
[27]   1 P. 2:9.

Pablo[28]: "Todas las cosas habrán de ayudar a los escogidos para tu mayor bien", sea la vida o la muerte, el pecado o la justicia, lo bueno y lo malo, llámese como quiera. Igualmente[29]: "Todo es vuestro, sea la vida, sea la muerte, sea lo presente, sea lo por venir", etc. Claro está que esto no significa que ya dominamos corporal o materialmente todas las cosas, poseyéndolas y haciendo uso de ellas, como hombres que somos; no es esto posible, dado que todos tenemos que perecer corporalmente, y nadie puede escaparse de la muerte. Además existen cosas a las cuales estamos sometidos, como lo vemos en Cristo mismo y en sus santos. Se trata de una soberanía espiritual, ejercitada dentro de los límites de la supeditación corporal. Es decir, mi alma puede perfeccionarse en todas y a pesar de todas las cosas, de manera que aun la muerte y el padecimiento me están supeditados y me servirán para mi salvación. ¡Qué elevado y estupendo honor! ¡Qué soberanía tan real y omnipotente! Es este un reino espiritual, donde nada hay tan bueno o tan malo que no tenga que beneficiarme, si tengo la fe, sin que nada necesite, porque con mi fe me basta. ¡He aquí cuán hermosos son el señorío y la libertad de los cristianos!

16. Además, somos sacerdotes, lo que vale mucho más que ser rey, toda vez que el sacerdocio nos capacita para poder presentarnos delante de Dios rogando por los demás hombres, puesto que sólo a los sacerdotes corresponde por derecho propio estar a los ojos de Dios y rogar. A Cristo le debemos este don de interceder y suplicar en espíritu unos por otros, semejantes al sacerdote que corporalmente intercede y ruega ante Dios por el pueblo. Empero, a quien no cree en Cristo ninguna cosa puede beneficiarlo, antes al contrario, estará supeditado a todas como un siervo, y todas lo hacen alterarse. Tampoco la oración alcanzará el agrado de Dios, ni siquiera llegará hasta él. ¿Quién es capaz de abarcar la grandeza y el honor del cristiano? Por su reinado y soberanía dispone él de todas las cosas; por su sacerdocio influye en Dios, puesto que Dios obra conforme al ruego y deseo del cristiano, como leemos en el Salterio[30]: "Dios cumplirá el deseo de todos los que le temen y oirá su oración". Este honor lo recibe el cristiano sólo por la fe, pero no por las obras. De lo dicho se colige claramente que el cristiano es libre de todas las cosas y soberano de ellas, sin que precise, por tanto, de obra buena alguna para ser justo y salvo. La fe es la que da de todo en abundancia. Y si el cristiano fuera tan necio de pensar ser justo, libre, salvo o cristiano en virtud de las buenas obras, perdería su fe y con ella todo lo demás. Semejante sería el tal a aquel perro del cuento que llevaba un trozo de carne en la boca, y viéndolo reflejado en el agua,

---

28   Ro. 8:28 y sigs.
29   1 Co. 3:21 y sigs.
30   Sal. 145:19.

quiso cogerlo de un bocado; perdió el trozo de carne y además también la imagen del mismo en el agua.

17. Acaso te preguntes qué diferencia hay entre los sacerdotes y los laicos en la cristiandad, sentado que todos los cristianos son sacerdotes. La respuesta es la siguiente: Las palabras "sacerdote", "cura", "eclesiástico" y otras semejantes fueron despojadas de su verdadero sentido al ser aplicadas únicamente a un reducido número de hombres que se apartaron de la masa y formaron lo que ahora conocemos con el nombre de "estado sacerdotal". La Sagrada Escritura no hace diferencias entre cristianos, sino que sólo distingue los sabios y los consagrados que reciben el nombre de *"ministri"*, *"servi"*, *"oeconomi"*, que significa: servidores, siervos y administradores, y cuya misión consiste en predicar a los demás a Cristo y sobre la fe y la libertad cristiana. Aunque todos seamos iguales sacerdotes, no todos podemos servir, administrar y predicar. Así dice San Pablo[31]: "Queremos ser considerados por los hombres únicamente como servidores de Cristo y administradores del Evangelio". Pero el caso es que dicha administración se ha trocado en un dominio y poder tan mundano, ostentativo, fuerte y temible, que el verdadero poder temporal no puede ya compararse con él, ¡como si los laicos y cristianos fueran dos cosas distintas! Claro es que con ello se ha despojado totalmente de su sentido a la gracia, la libertad y la fe cristianas, así como también a todo aquello que de Cristo hemos recibido y hasta a Cristo mismo. ¿Y qué se nos ha dado en cambio? Muchas leyes y obras humanas, haciéndonos así verdaderos esclavos de la gente más incapaz del mundo.

18. Puede deducirse de lo expuesto que no basta con predicar superficialmente sobre la vida y obra de Cristo, cual si se tratase de un mero hecho histórico o una crónica; aun es peor callarse sobre Cristo y en su lugar predicar el derecho eclesiástico u otras leyes y doctrinas humanas. También hay muchos que al predicar o leer sobre Cristo se muestran llenos de compasión por él, pero de odio contra los judíos, o se entretienen, en fin, con diversas puerilidades. Ahora bien, es menester predicar a Cristo de tal forma que la predicación brote en ti y en mí la fe y se mantenga en nosotros; una fe que sólo nace y permanece cuando se nos predica por qué vino Cristo al mundo, de qué manera hemos de valernos de él y de sus beneficios, qué es lo que él nos ha traído y donado. Se predicará de este modo cuando se interpreta debidamente la libertad cristiana que de Cristo hemos recibido, y cuando se nos dice de qué modo somos reyes y sacerdotes y dueños y señores de todas las cosas, y que Dios se complace en todo cuanto hacemos y lo atiende, según hemos venido diciendo. Y el

---

31 1 Co. 4:1.

corazón que esto oye de Cristo, se gozará hasta lo más profundo, se sentirá consolado, se volverá blando para con Cristo, y le corresponderá amándolo, cosas todas en fin, a las que jamás podría llegar el corazón mediante el cumplimiento de leyes y obras. Por lo demás, ¿qué podría dañar o atemorizar a un corazón que así se siente? Si el pecado y la muerte se allegan, le dice su fe que la justicia de Cristo es suya y que sus pecados tampoco son ya suyos sino de Cristo; de esta guisa, el pecado se desvanece ante la justicia de Cristo por la fe y en la fe, como antes se dijo; y el hombre aprende a porfiar a la muerte y al pecado como el apóstol, y exclama[32]: "¿Dónde está, oh muerte, tu aguijón? Tu aguijón es el pecado. Mas a Dios sean dadas gracias y alabanzas, que nos ha otorgado la victoria por Jesucristo nuestro Señor. Sorbida es la muerte con su victoria", etc.

19. Baste lo hasta aquí expuesto acerca del hombre interior o espiritual, de su libertad y de su justicia esencial, para lo cual no precisa ley u obra buena alguna; más aún, sería perjudicial a la justificación si quisiera alcanzarla mediante leyes y obras. Pasemos ahora a la otra parte, a la referente al hombre externo. Al hacerlo, replicaremos a todos aquellos que, escandalizados por nuestros razonamientos, suelen exclamar: Está bien: si la fe ya lo es todo y por sí sola basta para la justificación, ¿por qué han sido ordenadas las buenas obras? Vivamos, pues, alegres y confiados y sin hacer nada. No, amado hermano, eso es un error. Podría suceder lo que tú dices, si fueras ya del todo un hombre interior, puramente espiritual e interior, cosa que no tendrá lugar antes del día del juicio final. En este mundo todo es comienzo y crecimiento, y el fin vendrá en el otro mundo. Por eso habla el apóstol de *"primitias spiritus"*, o sea, los primeros frutos del espíritu[33]; y también por eso cae aplicar lo que antes se dijo: el cristiano es servidor de todas las cosas y está supeditado a todos. Con otras palabras dado que es libre, nada necesita hacer; dado que es siervo, ha de hacer muchas y diversas cosas. Veamos cómo sucede esto.

20. Aun cuando el hombre esté ya interiormente, por lo que a su alma respecta, bastante justificado por la fe y en posesión de todo cuanto precisa, aunque su fe y suficiencia tendrán que seguir creciendo hasta la otra vida, sigue, sin embargo, en el mundo y ha de gobernar su propio cuerpo y de convivir con sus semejantes. Y aquí comienzan las obras. El hombre, dejando a un lado toda ociosidad, está obligado a guiar y disciplinar moderadamente su cuerpo con ayunos, vigilias y trabajos, ejercitándolo a fin de supeditarlo e igualarlo al hombre interior y a la fe, de modo que no sea impedimento ni haga oposición, como sucede cuando no se lo

---

32   1 Co. 15:55 y sig.
33   Ro. 8:23.

obliga. Pues el hombre interior va al unísono con Dios, se goza y se alegra por Cristo, que tanto ha hecho por él, y su mayor y único placer es, a su vez, servir a Dios con un amor desinteresado y voluntario. Empero en su carne late una voluntad rebelde, una voluntad inclinada a servir al mundo y a buscar lo que más la deleita. Pero la fe no puede sufrirlo y se le arroja al cuello amorosa, para apaciguarlo y subyugarlo. Dice el apóstol Pablo[34]: "Según el hombre interior, me deleito en la ley de Dios, mas veo otra ley en mis miembros que me lleva cautivo a la ley del pecado". Del mismo modo[35]: "Golpeo mi cuerpo y lo pongo en servidumbre, no sea que habiendo sido un maestro para otros, yo mismo venga a ser eliminado". Y asimismo[36]: "Pero los que son de Cristo crucifican su carne con sus afectos y concupiscencia".

21. Pero dichas obras no se realizarán pensando que por ellas el hombre se justifica ante Dios, pues tal pensamiento es insoportable para la fe, la cual es y será siempre la única justicia a los ojos de Dios. Antes bien, se harán las obras con la sola intención de domeñar el cuerpo y limpiarlo de sus malas inclinaciones deleitosas, poniendo toda la mira en desterrarlas. Precisamente por ser el alma pura por la fe y amante de Dios, anhela que también lo demás sea puro, sobre todo el propio cuerpo, y que todo, juntamente con ella, ame y alabe a Dios. Por consiguiente, el hombre, a causa de su propio cuerpo, no puede andar ocioso, antes al contrario, habrá de realizar muchas buenas obras para supeditarlo. Sin embargo, no son las obras el medio apropiado para aparecer como bueno y justo delante de Dios, sino que se ejecutarán con puro y libre amor, desinteresadamente, sólo para complacer a Dios, buscando y mirando única y exclusivamente lo que a Dios le agrada en tanto se desea cumplir su voluntad lo mejor posible. Colija así, pues, cada cual la medida y la prudencia al castigar su cuerpo con tantos ayunos, vigilias y trabajos como necesite para apaciguar su temeridad. Pero aquellos que buscan la justificación por medio de las obras, no se cuidan de la mortificación, sino sólo ponen la mira en las obras, pensando que cuanto más numerosas estas sean, mejor es para alcanzar la justificación. ¡Cuán grande necedad y cuán falsa comprensión de la vida cristiana y de la fe demuestra la pretensión de ser justificado y salvo por obras, pero sin fe!

22. Valiéndonos de algunos símiles diríamos: las obras del cristiano, el cual por su fe y por pura gracia de Dios es justificado y salvado gratuitamente, podrían tasarse como las que Adán y Eva habrían hecho

---

34   Ro. 7:22 y sig.
35   1 Co. 8:27.
36   Ga. 5:24.

en el paraíso, según está escrito[37], que Dios lo puso en el paraíso al hombre creado para que lo labrara y guardase. Ahora bien: Adán fue creado justo, bueno y sin pecado. Por consiguiente, no le era preciso labrar y cuidar para ser bueno y justificado. Sin embargo, a fin de que no anduviera ocioso, Dios encomendóle el trabajo de plantar, labrar y cuidar el Edén. Tales obras de Adán habrían sido hechas por él voluntariamente, sólo para complacer a Dios, pero en modo alguno para alcanzar la justificación que él ya poseía y con la cual todos nosotros podríamos haber nacido. Pues bien, este es el caso de las obras del hombre creyente, el cual, por su fe es puesto de nuevo en el paraíso y de nuevo creado; las obras que ejecuta no le serán necesarias para su justificación, sino que le han sido ordenadas con objeto de evitar su holganza, haciéndolo esforzar y cuidar el cuerpo exclusivamente para agradar a Dios.

Además: un obispo consagrado bendice un templo, confirma o practica cualquier otra obra inherente a su cargo, pero tales cosas no lo hacen obispo; aún más, si no fuera por tratarse de un obispo ya consagrado, ninguno de los dichos actos tendrían valor, sino que serían puras necedades. A semejanza del obispo, el cristiano, consagrado por la fe, al realizar buenas obras, estas no lo hacen mejor cristiano o más consagrado, cosa que únicamente sucede con el incremento de la fe; antes bien, de no tratarse de un creyente y cristiano, nada valdrían sus obras, sino que serían pecados fatuos, punibles y condenables.

23. Estas dos sentencias son, por consiguiente, ciertas. Primera: "Las obras buenas y justas jamás hacen al hombre bueno y justo, sino que el hombre bueno y justo realiza obras buenas y justas". Segunda: "Las malas obras nunca hacen al hombre malo, sino que el hombre malo ejecuta malas obras". Se desprende de esto que la persona habrá de ser ya buena y justa antes de realizar buenas obras, o sea, que dichas obras emanan de la persona justa y buena, como dice Cristo[38]: "El árbol malo no lleva buenos frutos; el árbol bueno no da frutos malos". Ahora bien, está claro que ni los frutos llevan al árbol no se producen los árboles en los frutos, sino que por el contrario los árboles llevan los frutos y los frutos crecen en los árboles. Luego, así como los árboles preceden a los frutos y estos no hacen al árbol malo o bueno, sino que son los árboles los que dan frutos buenos o malos, también la persona será justa o mala antes de ejecutar obras buenas o malas, de modo que sus obras no lo hacen bueno o malo al hombre, sino que él mismo es quien hace buenas o malas obras. Algo semejante podemos ver en todos los oficios manuales. Una casa bien o mal construida no

---

37   Gn. 2:15.
38   Mt. 7:18.

hace al constructor bueno o malo, sino que éste levantará una casa buena o mala. Ninguna obra hace al artesano según la calidad de ella, sino como es el artesano, así resultará también la obra. Idéntico es el caso de las obras humanas, las cuales serán buenas o malas según sean la fe o la incredulidad del hombre. Y no al contrario: como son sus obras, así será justo o creyente. Como las obras no hacen al hombre creyente, así no lo justifican tampoco. Sin embargo, la fe, que hace justo al hombre, así también realizará buenas obras. Toda vez que las obras a nadie justifican, sino que el hombre ha de ser ya justo antes de realizarlas, queda claramente demostrado que sólo la fe, por pura gracia divina, en virtud de Cristo y su palabra, justifica a la persona suficientemente y la salva, sin que el cristiano precise de obra o mandamiento alguno para lograr su salvación. Porque el cristiano está desligado de todos los mandamientos, y en uso de su libertad hace voluntaria y desinteresadamente todo cuanto haga, sin buscar nunca su propio provecho y su propia salvación, porque por su fe y la gracia divina está ya harto y es también salvo, sino que busca únicamente cómo complacer a Dios.

24. Por otra parte, a quien carezca de fe, ninguna obra buena coadyuvará a su justicia y salvación. Además, no hay malas obras que puedan hacerlo malo y condenarlo, sino que la incredulidad pervierte a la persona y al árbol y es ejecutora de las obras malas y condenables. Luego el ser justo o malo no procede de las obras, sino de la fe, como dice el sabio[39]: "El principio del pecado es apartarse de Dios y desconfiar de él". También Cristo enseña que no debe comenzarse por las obras y dice[40]: "O haced el árbol bueno, y su fruto bueno, o haced el árbol malo, y su fruto malo". Lo mismo podría haber dicho: el que desee buenos frutos, que empiece por el árbol plantándolo debidamente. Por consiguiente, quien pretenda realizar buenas obras no comenzará por estas, sino por la persona que ha de ejecutarlas. Mas a la persona nadie la hace buena sino la fe, y nadie la hace mala sino la incredulidad. No es menos cierto que las obras revelan al hombre como justo o malo antes sus semejantes, esto es, por las obras se conoce ya exteriormente si el hombre es justo o malo, como dice Cristo[41]: "Por los frutos los conoceréis". Sin embargo, eso tiene un valor más bien aparente y externo, aunque muchos se han dejado guiar por ello y yerran, escribiendo y enseñando cómo han de hacerse las buenas obras y cómo es posible ganar la justificación, en tanto que olvidan del todo la fe. Y así van por el mundo, guías ciegos de ciegos; así se torturan con muchas obras sin llegar

---

39   Eccl. 10:14-15.
40   Mt. 12:33.
41   Mt. 7:20.

jamás a la recta justicia. A ello se refiere San Pablo[42]: "Tendrán apariencia de justicia, pero les falta el fundamento; siempre están aprendiendo, y nunca pueden llegar al conocimiento de la justicia verdadera". Quien no quiera andar vagando en compañía de ciegos, que mire más allá de las obras, de los mandamientos y de las doctrinas sobre las obras, para fijar la atención ante todo en la persona y el modo en que puede ser justificada. Ciertamente la persona no se justificará y salvará por medio de mandamientos y obras, sino por la Palabra de Dios, esto es, por la promesa de su gracia, y la fe. Y sucede así, a fin de que la gloria divina permanezca en todo su esplendor, en tanto Dios no nos redime por causa de nuestras obras, sino por su Palabra misericordiosa, gratuitamente y por pura clemencia.

25. Después de lo dicho, no será difícil comprender en qué sentido deben desecharse o aceptarse las buenas obras y de qué modo habrá de entenderse toda doctrina acerca de las mismas. Aquellas doctrinas fundadas en la falsa y torcida opinión de que mediante buenas obras seremos justificados y salvos son ya en sí malas y dignas de condenación; lo son porque desconocen la libertad y escarnecen la gracia de Dios, la cual sólo justifica y salva por la fe, cosa imposible para las obras, mas al pretenderlo estas, atacan la obra y el honor de la gracia. No desechemos las buenas obras porque lo sean, sino a causa de las malas consecuencias y la errónea opinión que las acompaña, presentándolas como buenas cuando en realidad no lo son. De donde resulta que tales doctrinas son engañosas y engañan al hombre; son como lobos rapaces con piel de oveja. Sin la fe no es posible destruir aquellas malas consecuencias y aquella falsa creencia en las obras. Y mientras no venga la fe y las destruya, abundarán en todo aquel que busque la justificación mediante las buenas obras. Porque la naturaleza humana no es capaz de desterrarlas, ni siquiera de reconocerlas; antes al contrario, para ella son consecuencias, y la creencia en las buenas obras es algo inapreciable y salvador. Y esto es lo que a tantos ya ha seducido. Por lo tanto, siendo provechoso escribir y predicar sobre el arrepentimiento, la confesión y la satisfacción, si no se avanza hacia la fe, resultará de ello una mera serie de doctrinas diabólicas y seductoras. No vale predicar sólo una parte, sino la Palabra de Dios en sus dos partes. Prediquense los mandamientos para intimar a los pecadores y manifestarles sus pecados, de modo que se arrepientan y se conviertan. Pero esto no basta. Es preciso anunciar también la otra palabra, la promesa de gracia, enseñando lo que es la fe, sin la cual mandamientos, arrepentimiento y todo lo demás son cosas vanas. Hay todavía algunos predicadores que no anuncian el arrepentimiento de los pecados y las promesas de Dios, como para poder aprender de dónde

---

42   2 T. 3:5 y sigs.

y cómo vienen el arrepentimiento y la gracia. Porque el arrepentimiento emana de los mandamientos y la fe, de las promesas de Dios. De este modo, el hombre que, atemorizado ante los mandamientos divinos, se ha humillado y reconocido su verdadero estado, es justificado y levantado por su fe en las divinas palabras.

26. Baste con lo expuesto acerca de las obras en general y de aquellas que el cristiano realizará para dominar su propio cuerpo. Trataremos ahora de las obras que el hombre habrá de practicar entre sus semejantes, porque el hombre vive no sólo en su cuerpo y para él, sino también con los demás hombres. Esta es la razón por la cual el hombre no puede prescindir de las obras en el trato con sus semejantes; antes bien, ha de hablar y tratarse con ellos, aunque dichas obras en nada contribuyen a su propia justificación y salvación. Luego, al realizar tales obras su intención será libre y él tendrá sus miras puestas sólo en servir y ser útil a los demás, sin pensar en otra cosa que en las necesidades de aquellos a cuyo servicio desea ponerse. Este modo de obrar para con los demás es la verdadera vida del cristiano, y la fe actuará con amor y gozo, como el apóstol enseña a los gálatas[43]. También a los filipenses habíales enseñado que con la fe en Cristo ya poseían la gracia y su abundancia, y añade[44]: "Os amonesto con la consolación que en Cristo tenéis y toda la consolación que guardáis en nuestro amor y toda la comunión que tenéis con todos los cristianos espirituales y justos, que cumpláis mi gozo sintiendo lo mismo, teniendo el mismo amor para con otros, sirviendo uno al otro, no mirando cada cual lo suyo propio, sino cada uno también lo de los demás y lo que otros han menester". Con estas palabras describe el apóstol sencilla y claramente la vida cristiana, una vida en la cual todas las obras atienden al bien del prójimo, ya que cada cual posee con su fe todo cuanto para sí mismo precisa y aún le sobran obras y vida suficientes para servir al prójimo con amor desinteresado. A Cristo presenta el apóstol como ejemplo, diciendo[45]: "Haya, pues, en vosotros este sentir que hubo en Cristo", el cual, siendo pleno de forma divina y teniendo suficiente para sí, sin que necesitara de vida, obras y sufrimiento, para ser justo y salvo, se anonadó a sí mismo, tomando forma de siervo, haciéndolo y sufriéndolo todo, no mirando más que nuestro propio bien; y así, siendo libre, se hizo siervo por causa nuestra.

27. Así también el cristiano, como Cristo, su cabeza, debe sentirse pleno y harto con su fe, mirando de acrecentarla, porque ella le es vida, justicia y salvación, y le da todo cuanto es de Cristo y Dios, como antes se

---

43 Ga. 5:6 y sigs.
44 Fil. 2:1 y sigs.
45 Fil. 2:5 y sigs.

dijo⁴⁶ y el apóstol Pablo escribe⁴⁷: "Lo que vivo todavía en la carne, lo vivo en la fe de Cristo, Hijo de Dios". El cristiano es libre, sí, pero debe hacerse con gusto siervo, a fin de ayudar a su prójimo, tratándolo y obrando con él como Dios ha hecho con el cristiano por medio de Jesucristo. Y el cristiano lo hará todo sin esperar recompensa, sino únicamente por agradar a Dios y diciéndose: bien; aunque soy hombre indigno, condenable y sin mérito alguno, mi Dios me ha otorgado gratuitamente y por pura gracia suya en virtud de Cristo y en Cristo riquísima justicia y salvación, de manera que de ahora en adelante sólo necesito creer que es así. Mas por mi parte haré también por tal Padre que me ha colmado de beneficios tan inapreciables, todo cuanto pueda agradarle, y lo haré libre, alegre y gratuitamente, y seré con mi prójimo un cristiano a la manera que Cristo lo ha sido conmigo, no emprendiendo nada excepto aquello que yo vea que mi prójimo necesite o le sea provechoso y salvador; que yo ya poseo todas las cosas en Cristo por mi fe. He aquí cómo de la fe fluyen el amor y el gozo en Dios, y del amor emana a la vez una vida libre, dispuesta y gozosa para servir al prójimo sin miras de recompensa. Porque así como el prójimo padece necesidad y ha menester de aquello que a nosotros nos sobra, así padecíamos nosotros mismos también gran necesidad ante Dios y hubo de socorrer la gracia. Por consiguiente, si Dios nos ha socorrido gratuitamente por Cristo, auxiliemos nosotros también al prójimo con todas las obras de nuestro cuerpo. Claramente se ve cuán noble y elevada es la vida cristiana, aunque hoy desgraciadamente, en todo el mundo es desestimada, y más aún, ya se ha olvidado que existe y no se predica sobre ella.

28. En el capítulo segundo del evangelio según Lucas leemos⁴⁸ que la Virgen María se presentó en el templo después de las seis semanas prescriptas para ser declarada limpia, como ordenaba la ley a todas las mujeres, si bien la Virgen María no era impura como ellas, ni deudora de la misma limpieza, ni siquiera la necesitaba. Mas la Virgen María obró así por amor, no queriendo hacer de menos a las demás mujeres, ni pretendiendo apartarse de ellas. De modo semejante obró el apóstol Pablo haciendo que se circuncidara a Timoteo⁴⁹, no porque fuera necesario, sino más bien por no ofrecer a los judíos de fe cristiana tibia la ocasión de pensar mal; sin embargo, el apóstol no quiso que Tito fuera circuncidado, precisamente porque se lo obligaba a ello, alegando que la circuncisión era necesaria para la sal-

---

46   Cap. 12.
47   Ga. 2:20.
48   Lc. 2:22 y sigs.
49   Hch. 16:3.

vación[50]. En el capítulo 17[51] del evangelio según Mateo discute Cristo con Pedro acerca del tributo que también se exigía a los discípulos, y lo objetó que los hijos de un rey no necesitaban abonar tributo alguno. Una vez conforme Pedro con dicha explicación, Cristo le ordenó no obstante que saliera al mar y le dijo: "Mas para que no se escandalicen por causa nuestra, ve al mar. El primer pez que sacares, tómalo y en su boca hallarás una moneda, dásela por ti y por mí". ¡Qué ejemplo tan hermoso es este y cuán aplicable a lo que venimos diciendo! Cristo se da a sí mismo y a sus discípulos el título de libres hijos del rey que no carecen de nada, y sin embargo, se doblega voluntariamente, sirve y abona el tributo. Tanto como la obra de Cristo pudo serle necesaria y beneficiarle para su propia justicia o salvación, así también son todas las demás obras y las que realizan los cristianos, necesarias para su salvación; porque en realidad se trata de servicios voluntarios en favor de los demás hombres y para su mejoramiento. Asimismo deberían las obras de los sacerdotes, conventos y capítulos ser hechas de manera que cada cual obrase según su estado y su orden, pero con la mira puesta únicamente en auxiliar a otros y dominar el propio cuerpo, dando así buen ejemplo a aquellos que también necesitan gobernar su carne. Pero estén prevenidos siempre y no se propongan alcanzar justicia y salvación con tales obras, porque justicia y salvación sólo son posibles por la fe. En este sentido amonesta el apóstol Pablo[52] y [53] a los cristianos a someterse al poder secular, dispuesto siempre a prestarle su servicio, mas no con miras de alcanzar justicia, sino para servir libremente a los demás y a la autoridad secular, obedeciendo con amor y libertad. Quien entienda esto podrá vivir fácilmente en medio de los innumerables preceptos y leyes del Papa, de los obispos, de los conventos, de los capítulos, de los príncipes y señores de que algunos prelados irrazonables hacen uso y los presentan como si fueran necesarios para la salvación, denominándolos injustamente mandamientos de la iglesia; injustamente, porque el cristiano libre discurre así: "ayunaré, oraré, haré estoy lo otro tal como ha sido ordenado, pero no lo he menester ni busco mi justicia y salvación con ello, sino que lo hago por el Papa, el obispo, la comunidad, o también por mi hermano en la fe o por mi señor, a fin de dar ejemplo, servir y sufrir. ¡Qué cosas mucho mayores ha hecho y padecido Cristo por mí, aunque él lo necesitaba mucho menos que yo! Y aunque los tiranos exijan lo que no les corresponde, en nada me perjudicará mientras no vaya contra Dios.

---

50   Ga. 2:3.
51   Mt. 17:24 y sigs.
52   Ro. 13:1 y sigs.
53   Tit. 3:1.

29. De lo hasta aquí expuesto cualquiera puede formarse un juicio exacto y distinguir entre todas las obras y los mandamientos, así como también entre prelados, ciegos y locos y aquellos que son razonables. Porque toda obra que no persiga el fin de servir a los demás y sufrir su voluntad –siempre que no se obligue a ir en contra de la voluntad de Dios– no será una buena obra cristiana. Por eso sospecho que son pocas las fundaciones, iglesias, conventos, altares, misas y legados verdaderamente cristianos, y asimismo los ayunos y oraciones especiales dirigidos a algunos santos. Temo que con todo ello cada cual procura sólo por lo suyo, pensando expiar sus pecados y conseguir la salvación. Este afán dimana de la ignorancia sobre la fe y la libertad cristiana. Pero hay también prelados irrazonables que empujan a la gente a obrar de tal modo ensalzándolo y coronándolo todo con indulgencias, pero olvidándose de instruir en la fe. Yo te aconsejo que si deseas hacer un legado en bien de la iglesia, o si quieres orar y ayunar, no lo hagas pensando en tu propio provecho, antes al contrario, hazlo desinteresadamente, para que los demás lo disfruten y se beneficien con ello; si tal haces, eres un verdadero cristiano. ¿Por qué quieres retener tus bienes y buenas obras que te sobran para cuidar y dominar tu propio cuerpo, toda vez que ya tienes bastante con tu fe, en la que Dios te ha otorgado ya todas las cosas? Sabrás que los bienes de Dios han de pasar de unos a otros y pertenecer a todos, o sea, cada cual cuidará a su prójimo como a sí mismo. Los bienes divinos emanan de Cristo y entran en nosotros: de Cristo, de aquel cuya vida estuvo dedicada a nosotros, como si fuera la suya propia. Del mismo modo deben emanar de nosotros y derramarse sobre aquellos que los necesitan. Pero esto tendrá lugar de tal manera que pondremos también nuestra fe y justicia en servicio y favor del prójimo delante de Dios, a fin de cubrir así sus pecados y tomarlos sobre nosotros cual si fueran nuestros, como Cristo ha hecho para con nosotros mismos. He aquí, esto es amor cuando el amor es verdadero. Y el amor es verdadero cuando la fe también es verdadera. Por eso el apóstol indica como propiedad del amor[54], que no busque lo suyo, sino el bien del prójimo.

30. Se deduce de todo lo dicho que el cristiano no vive en sí mismo, sino en Cristo y el prójimo; en Cristo por la fe, en el prójimo por el amor. Por la fe sale el cristiano de sí mismo y va a Dios; de Dios desciende el cristiano al prójimo por el amor. Pero siempre permanece en Dios y en el amor divino, como Cristo dice[55]: "De aquí adelante veréis el cielo abierto, y a los ángeles que suben y descienden sobre el Hijo del Hombre". He aquí la

---

54   1 Co. 13:5.
55   Jn. 1:51.

libertad verdadera, espiritual y cristiana que libra al corazón de todo pecado, mandamiento y ley: la libertad que supera a toda otra como los cielos superan la tierra. ¡Quiera Dios hacernos comprender esa libertad y que la conservemos! Amén.

Guía de Preguntas para Reflexionar en Comunidades de América Latina
o de países con migrantes hispanohablantes

ELABORADAS POR EL REV. HERNÁN DALBES

El Rev. Hernán Dalbes es Pastor IELU (Argentina), docente y editor de libros. Ha trabajado en varios proyectos de Educación Popular, proyectos diacónicos congregacionales, docencia y mantiene activo el podcast "No normalicemos la desesperanza" de la Congregación San Lucas | IELU. Es invitado de otros podcast y ha creado y dirigido la editorial JuanUno1 Ediciones. linktr.ee/hernandalbes

1. La libertad que se convierte en servicio

Martín Lutero sostiene que "el cristiano es libre señor de todas las cosas y no está sujeto a nadie; y al mismo tiempo, servidor de todas las cosas y supeditado a todos". Este aparente contraste tiene sentido porque la fe nos libera de la necesidad de justificarnos, y esa libertad nos impulsa a vivir para el prójimo. En la vida comunitaria, esto toma sentido porque ya no actuamos para ganar puntos delante de Dios, sino para compartir el amor recibido. En nuestros territorios marcados por la pobreza y, a la vez, en comunidades atravesadas por el ataque a la dignidad de las personas, la libertad cristiana nos invita a servir sin miedo ni cálculo.

Pregunta: ¿Cómo podemos vivir la libertad de la fe en nuestra comunidad de manera que se traduzca en servicio concreto y solidario hacia quienes más lo necesitan?

Tus notas:

2. La Palabra como alimento común

Lutero recuerda que "ni en el cielo ni en la tierra existe para el alma otra cosa en que vivir [...] que la Palabra de Dios". La Palabra no se da solo para un individuo aislado, sino para la construcción del pueblo de Dios. En nuestras comunidades latinoamericanas y latinas en el Norte Global, la Biblia no es solo un libro de lectura personal, sino el espacio donde Dios nos habla como cuerpo de Cristo, uniendo realidades diversas en un mismo Evangelio. La fe nace de escuchar esa Palabra y compartirla.

Pregunta: ¿De qué manera nuestra comunidad puede hacer que la Palabra de Dios sea el alimento que sostenga y renueve la vida común, más allá de la devoción individual?

Tus notas:

3. La fe que une al alma con Cristo y al cuerpo con la comunidad

Lutero compara la fe con un matrimonio espiritual entre Cristo y el alma: todo lo que es de Cristo nos pertenece y todo lo nuestro es asumido por Él. Ese "gozoso trueque" no es solo individual; cuando Cristo toma sobre sí nuestros pecados, también nos une como comunidad de personas redimidas. En un contexto donde muchas comunidades luchan con divisiones (entre generaciones, culturas, o incluso entre quienes se quedan en América Latina y quienes emigran, o aquellos en desplazamiento constante como en micromigraciones que vemos en nuestros territorios), la fe es un poder reconciliador.

Pregunta: ¿Cómo puede la experiencia de que Cristo carga con nuestras debilidades ayudarnos a cargar también entre unos y otras lo cotidiano de la vida comunitaria?

Tus notas:

4. El sacerdocio universal y la vida comunitaria

Lutero enseña, en su texto, que por la fe todxs somos hechos "sacerdotes" y "reyes". Esto no implica que cada quien tenga un poder individualista, por el contrario que todxs somos responsables de interceder, enseñar, orar y acompañar en comunidad. En América Latina, donde muchas veces se siente que la voz de la juventud no cuenta, y en territorios incluso del primer mundo, donde la iglesia latina puede sentirse marginada, esta visión empodera a la comunidad entera como sacerdocio compartido.

Pregunta: ¿Qué transformaciones podrían darse en nuestra comunidad si aplicamos a conciencia que todxs tenemos la dignidad y la misión sacerdotal, sin distinción?

Tus notas:

5. Obras de amor que nacen de la fe

Para Lutero, las buenas obras no justifican, sino que brotan de una fe viva. Estas obras no son para ganarnos la salvación, sino para el bien del prójimo. En nuestras comunidades, a veces nos perdemos en discusiones internas, ritualismos o en compararnos con otras iglesias, olvidando que la verdadera señal de la fe es el amor que se concreta en acciones.

Pregunta: ¿Qué tipo de obras de amor deberían caracterizar hoy a nuestras comunidades para que la fe que proclamamos se haga visible en la sociedad?

Tus notas:

6. La tentación de la religiosidad vacía

Lutero critica con fuerza las prácticas religiosas hechas solo de apariencia: peregrinaciones, rezos, ceremonias que no cambian nada en el corazón ni en la comunidad. También hoy, en contextos donde abundan iglesias y discursos religiosos meritocráticos, corremos el riesgo de confundir religiosidad externa con fe auténtica. La libertad cristiana nos invita a preguntarnos si nuestras prácticas comunitarias realmente sirven al prójimo o solo refuerzan una identidad cerrada.

Pregunta: ¿Qué prácticas religiosas de nuestras comunidades necesitan ser revisadas para que no sean un fin en sí mismas, sino un medio para servir mejor al prójimo?

Tus notas:

7. La justicia de Cristo compartida en comunidad

Lutero habla del "gozoso intercambio" donde Cristo toma nuestros pecados y nos da su justicia. Esta justicia no es solo personal, sino que crea un nuevo modo de vivir juntos, donde nadie puede sentirse superior a otra persona. En comunidades marcadas por desigualdades económicas, educativas o raciales, esta justicia compartida se convierte en fundamento para la vida en común.

Pregunta: ¿Cómo podemos traducir la justicia de Cristo en prácticas comunitarias donde todxs sean reconocidos con la misma dignidad?

Tus notas:

8. El riesgo de la autosuficiencia

Lutero enseña que la Ley nos muestra nuestra incapacidad de justificarnos por nosotros mismos y nos conduce a la gracia. Hoy muchas comunidades corren el riesgo de querer "autosustentarse" con su propio poder, sin reconocer la gracia que sostiene la vida comunitaria. Esto se nota tanto en la tentación de depender del poder económico como en la de confiar solo en líderes "carismáticos".

Pregunta: ¿Qué significa para nuestras comunidades depender de la gracia de Dios en lugar de confiar únicamente en nuestras propias fuerzas y recursos?

Tus notas:

9. Fe que libera para amar en comunidad

La fe, dice Lutero, libera al cristiano para amar de manera desinteresada, porque ya no necesita buscar mérito propio. Esta libertad cambia la lógica comunitaria: no estamos en la iglesia para buscar prestigio, reconocimiento o poder, sino para servir con gozo. En América Latina y en la diáspora, donde muchas veces el prestigio social y religioso condiciona la participación, esta enseñanza es liberadora.

Pregunta: ¿Cómo podemos construir comunidades donde la motivación principal no sea el reconocimiento, sino el amor gratuito hacia los demás?

Tus notas:

10. La vida cristiana como vida compartida

Lutero afirma que "el cristiano no vive en sí mismo, sino en Cristo y en el prójimo: en Cristo por la fe, en el prójimo por el amor". La fe no nos encierra en lo íntimo, sino que nos empuja hacia la comunidad. En una sociedad marcada por el individualismo —ya sea en el consumismo urbano de Latinoamérica o en la vida acelerada de Estados Unidos— esta visión cuestiona nuestro modo de entender la iglesia.

Pregunta: ¿Qué desafíos enfrentamos para vivir una fe que siempre nos empuje a salir de nosotros mismos hacia el prójimo y la comunidad?

Tus notas:

11. El ejemplo de Cristo como servicio

Cristo, siendo libre, se hizo siervo por amor a nosotros. Para Lutero, esta es la medida de la vida comunitaria cristiana. En América Latina, donde la iglesia muchas veces acompaña luchas por justicia social, y en la diáspora latina que busca dignidad frente al racismo y la supremacía blanca, este ejemplo es profundamente actual.

Pregunta: ¿Cómo puede el ejemplo de Cristo que se hace siervo inspirar nuestras comunidades para ponerse al servicio de quienes más sufren hoy?

Tus notas:

12. El cuidado del cuerpo en comunidad

Lutero explica que las obras de disciplina personal (ayunos, vigilias, trabajo) no justifican, pero ayudan a mantener al cuerpo en orden para servir mejor. Esto también se aplica a la comunidad: cuidar las estructuras y la organización no para justificarse, sino para servir. En América Latina y en comunidades migrantes, muchas veces el cuidado de lo común se descuida por la urgencia.

Pregunta: ¿Qué prácticas de disciplina comunitaria necesitamos fortalecer para servir mejor como iglesia en nuestro contexto?

Tus notas:

13. Los bienes de Dios como bienes compartidos

Lutero enseña que lo recibido de Dios no es para retenerlo egoístamente, sino para que fluya hacia el prójimo. Esto incluye no solo recursos materiales, sino dones espirituales y capacidades. En América Latina, donde la pobreza golpea duro, y en la diáspora, donde muchas familias sostienen a las que quedaron en el país de origen, esta enseñanza es vital.

Pregunta: ¿Cómo podemos organizar nuestras comunidades de manera que los bienes recibidos de Dios circulen y lleguen a quienes más los necesitan?

Tus notas:

14. La fe que genera confianza mutua

Para Lutero, creer en la Palabra de Dios es reconocer su bondad y verdad. En la vida comunitaria, la fe también se refleja en la confianza mutua: sin confianza, no hay comunidad posible. En contextos donde la corrupción política, el racismo o la desconfianza social marcan la vida, la comunidad cristiana está llamada a encarnar otra lógica.

Pregunta: ¿De qué manera podemos cultivar una confianza comunitaria que sea signo del Reino de Dios en medio de la desconfianza social?

Tus notas:

15. La comunidad como espacio de intercesión

Lutero insiste en que todxs somos sacerdotes que pueden interceder unos por otros. La vida cristiana no es aislada: cuando alguien ora, lo hace por todxs. Esto tiene un valor enorme en comunidades que sufren violencia, migración forzada o discriminación: saberse sostenidos en oración.

Pregunta: ¿Cómo podemos fortalecer la dimensión intercesora de nuestras comunidades, para que nadie se sienta solo en medio de sus luchas?

Tus notas:

16. Amar sin buscar lo propio

Para Lutero, el amor verdadero no busca lo suyo, sino el bien del prójimo. En nuestras comunidades, esto desafía las dinámicas de poder, el egoísmo de grupos cerrados, o la tentación de pensar primero en la "propia iglesia" y no en el conjunto del pueblo de Dios.

Pregunta: ¿Qué actitudes comunitarias concretas necesitamos transformar para que nuestro amor no sea egoísta, sino realmente abierto al prójimo?

Tus notas:

17. La comunidad como signo de libertad

Lutero afirma que la verdadera libertad cristiana es la que libra al corazón de todo pecado, ley y mandamiento para vivir en fe y amor. Esta libertad se hace visible en comunidades que no se rigen por miedo o por legalismos, sino por confianza en la gracia. En un mundo que impone controles, papeles y fronteras, la comunidad cristiana puede ser un espacio restaurador.

Pregunta: ¿Cómo podemos vivir como comunidades libres, sin miedo ni legalismos, siendo signo del amor de Dios en nuestros barrios y ciudades?

Tus notas:

18. El testimonio público de la fe comunitaria

Para Lutero, la fe no se limita a lo íntimo, sino que se hace visible en obras hacia el prójimo. En América Latina, muchas comunidades son voz profética frente a injusticias; en la diáspora, ser iglesia latina también es testimonio público frente al racismo y la exclusión.

Pregunta: ¿Qué significa hoy que nuestras comunidades den testimonio público de la fe que nos libera?

Tus notas:

19. Comunidad entre generaciones

La fe de la que habla Lutero no es individualista ni de un solo sector, sino que atraviesa generaciones. Hoy, muchas iglesias luchan con la brecha generacional: jóvenes que sienten que no cuentan, adultos que se resisten a cambios. La libertad cristiana nos invita a reconocernos mutuamente en la gracia.

Pregunta: ¿Cómo podemos vivir comunidades donde las distintas generaciones convivan en igualdad y en mutua edificación?

Tus notas:

20. La vida cristiana como don y tarea

Lutero concluye que la libertad cristiana es don y, al mismo tiempo, responsabilidad. No se trata de un privilegio individual, sino de un llamado a vivir en comunidad bajo la lógica de la gracia. Hoy, esto desafía tanto a comunidades pobres en América Latina como a comunidades latinas en el Norte Global que buscan afirmarse en medio de sociedades desiguales.

Pregunta: ¿Qué compromisos concretos nos invita a asumir hoy la libertad cristiana como comunidades de fe?

Tus notas:

Otras notas de la reflexión...

www.ingramcontent.com/pod-product-compliance
Lightning Source LLC
Chambersburg PA
CBHW011522070526
44585CB00022B/2509